Juliet Falce-Robinson

University of California, Los Angeles

Answer Key

for

MOSAICOS

Spanish as a World Language

Fifth Edition

Matilde Olivella de Castells (Late)

Emerita, California State University, Los Angeles

Elizabeth E. Guzmán

University of Iowa

Paloma Lapuerta

Central Connecticut State University

Judith E. Liskin-Gasparro

University of Iowa

Prentice Hall

Upper Saddle River London Singapore Toronto
Tokyo Sydney Hong Kong Mexico City

Executive Editor: Julia Caballero
Development Editors: Elizabeth Lantz, Celia Meana
Executive Marketing Manager: Kris Ellis-Levy
Senior Marketing Manager: Denise Miller
Marketing Coordinator: William J. Bliss
Senior Managing Editor: Mary Rottino
Associate Managing Editor: Janice Stangel
Project Manager: Manuel Echevarria
Development Editor for Assessment: Melissa Marolla Brown

Media Editor: Meriel Martínez
Senior Media Editor: Samantha Alducin
Art Manager: Gail Cocker
Manufacturing Buyer: Cathleen Petersen
Manager, Print Production: Brian Mackey
Editorial Assistant: Katie Spiegel
Publisher: Phil Miller
Composition/Full-Service Project Management: Macmillan Publishing Solutions

This book was set in 10/12 Sabon.

10 9 8 7 6 5 4

Prentice Hall
is an imprint of

PEARSON

www.pearsonhighered.com

ISBN - 10:   0-205-67159-4
ISBN - 13:   978-0-205-67159-5

CONTENTS

CONTENTS

Answer Key

Bienvenidos

P-1

1. c   2. b   3. b

P-2

1. Hola, me llamo Marina Camacho. ¿Cómo se llama usted?
2. Me llamo Adela Pérez.
3. Adela, mi amigo Carlos.
4. Encantado, Adela.

P-3

1. Me llamo Mary./Soy Mary./Mary.
2. Encantada./Mucho gusto./Mucho gusto, Juan.
3. Igualmente./Encantada./Mucho gusto.

P-4

1. Buenos días
2. Buenas tardes
3. Buenos días
4. Buenos días/Buenas tardes
5. Buenas noches
6. Buenas tardes

P-5

1. a   2. a   3. b   4. c

P-6

1. Regular
2. mal
3. muy bien
4. Pedro
5. Tomás

P-7

1. Perdón
2. Por favor
3. Por favor
4. De nada
5. Con permiso/perdón
6. Gracias

P-8 *Answers will vary.*

P-9

1. Hasta luego./Hasta pronto./Adiós.
2. Con permiso./Perdón.
3. Gracias.
4. Perdón.
5. Hasta mañana./Hasta luego./Hasta pronto./Adiós.

P-10

1. formal
2. informal
3. formal
4. informal

P-11

1. informal
2. formal
3. informal

P-12

1. usted
2. tú
3. usted
4. tú
5. tú

P-13

1. Conversación 1
2. Conversación 2
3. Conversación 1
4. Conversación 1
5. Conversación 2

P-14

1. Beatriz
2. Yolanda
3. Jorge
4. Iñaki
5. Joaquín
6. Ignacio

P-15

1. Antonio Banderas
2. Enrique Iglesias
3. Shakira
4. Salma Hayek

P-16 *Answers will vary.*

P-17

1. Falso
2. Cierto
3. Falso
4. Cierto

P-18

1. a   2. c   3. b   4. b

P-19 *Answers will vary.*

P-20

1. Cierto
2. Cierto
3. Falso
4. Cierto
5. Cierto

P-21

1. los dos
2. Felipe
3. Felipe
4. Carmen
5. los dos

P-22

1. pesimista
2. tradicional
3. introvertido
4. pasivo
5. serio
6. paciente

P-23

1. Falso
2. Cierto
3. Cierto
4. Cierto
5. Cierto

P-24

1. moderno
2. pasivo
3. generoso
4. creativo

P-25 *Answers will vary.*

P-26

1. borrador
2. cesto
3. cuaderno
4. silla
5. mochila

P-27

1. mesa/la mesa/una mesa/escritorio/el escritorio/un escritorio
2. lápiz/el lápiz/un lápiz/lápices/los lápices/unos lápices
3. calculadora/la calculadora/una calculadora
4. bolígrafo/el bolígrafo/un bolígrafo
5. silla/la silla/una silla

P-28

1. Cierto
2. Falso
3. Cierto
4. Cierto
5. Cierto
6. Cierto

P-29 *Answers will vary.*

P-30 *Answers may vary. Possible answers:*

1. Mercedes está al lado de María.
2. El libro está sobre el escritorio.
3. La pizarra está detrás del escritorio.
4. El televisor está al lado de la puerta.
5. María está enfrente de la profesora.

P-31

1. Ana
2. Gabriela
3. Marta
4. Antonio

P-32

1. d
2. e
3. b
4. a
5. c

P-33

1. 777-8532
2. 527-3314
3. 622-0587
4. 332-9467
5. 353-2800

P-34

1. once
2. trece
3. veintitrés
4. setenta y siete
5. treinta y cinco
6. veintidós
7. treinta y seis
8. cuarenta y seis

P-35

1. 16
2. 42
3. 48
4. 22
5. 70
6. 55
7. 13
8. 56
9. línea

P-36

1. viernes/sábado
2. lunes
3. domingo
4. jueves
5. viernes

P-37

1. b
2. e
3. h
4. f
5. g
6. a
7. c
8. d

P-38

1. No
2. Sí
3. No
4. Sí
5. Sí

P-39

1. miércoles
2. domingo
3. abril
4. julio
5. noviembre

P-40

1. domingo
2. viernes
3. sábado
4. martes
5. miércoles
6. lunes
7. jueves

P-41

1. miércoles
2. diciembre
3. sábado
4. agosto
5. marzo
6. jueves
7. martes
8. enero

P-42

1. No
2. Sí
3. No
4. Sí
5. Sí

P-43

1. 8:20
2. 10:15
3. 4:00
4. 8:50
5. 7:30
6. Sevilla

P-44

1. 11:25
2. 10:15
3. 7:30
4. 9:50
5. 8:40
6. Madrid

P-45

1. las nueve y media de la mañana/las nueve y treinta de la mañana
2. las cinco menos cuarto de la tarde/las cinco menos quince de la tarde/las cuatro y cuarenta y cinco de la tarde
3. las once de la mañana
4. las dos y media de la tarde/las dos y treinta de la tarde
5. las once menos veinte de la mañana/las diez y cuarenta de la mañana

P-46

1. sábado
2. mayo
3. 10:00/diez, mañana
4. 11:45/doce menos cuarto/doce menos quince/once y cuarenta y cinco, mañana
5. el Teatro La Perla/La Perla/el teatro/Ponce

P-47 *Answers may vary. Possible answers:*

1. Hace buen tiempo./Hace sol./Hace mucho sol./Hace calor./Hace mucho calor.
2. Hace mal tiempo./Nieva./Hace frío./Hace mucho frío.
3. Llueve./Hace mal tiempo.

P-48 *Answers will vary.*

P-49

1. profesor
2. estudiante
3. profesor
4. estudiante
5. estudiante
6. estudiante

P-50

1. d   2. a   3. b   4. c

P-51

1. Otra vez/Otra vez, por favor/Repita/Repita, por favor
2. Más alto/Más alto, por favor
3. No comprendo
4. No sé

P-52

1. a   2. b   3. b   4. a

CAPÍTULO 1

En la universidad

1-1

1. Cierto
2. Falso
3. Falso
4. Falso
5. Cierto
6. Cierto
7. Cierto
8. Falso

1-2

1. a
2. c
3. b
4. e
5. d

1-3

1. literatura
2. librería
3. historia
4. interesantes
5. fácil
6. biblioteca

1-4

1. Cierto
2. Falso
3. Falso
4. Cierto
5. Cierto

1-5

1. No
2. Baloncesto
3. En la biblioteca/la biblioteca
4. En casa/la casa
5. en la cafetería/la cafetería
6. en la cafetería/la cafetería

1-6 *Answers will vary.*

1-7 *Answers will vary, but adjectives should agree in gender and number.*

1. fem./plural
2. masc./plural
3. fem./singular
4. masc./singular
5. masc./singular
6. fem./plural
7. masc./singular
8. masc./singular
9. fem./singular
10. fem./singular

1-8

1. e
2. f
3. b
4. d
5. c
6. a

```
t  e  b  g  i  m  n  a  s  i  o
a  a  a  r  m  i  e  s  t  l  e
o  i  r  a  n  o  i  c  c  i  d
b  l  e  e  s  t  c  a  s     l
i  c  e  a  g  o  a  f     m  e
b  t  i  d  m  n  t  u  i  f  r
l  h  i  o  c  o  j  i  a  l  a
i  c  a  r  n  s  o  a  m  r  a
o  ñ  e  a  l  i  b  r  o  r  s  n
t  u  a  d  e  r  n  p  c  o  n
e  u  n  i  v  e  r  o  l  a  p
c  a  l  u  m  n  o  d  o  r  a
a  f  i  l  o  s  o  g  o  n  a
```

1-10 *Answers will vary.*

1-11 *Answers will vary. Possible answers:* Panamá, Costa Rica, Nicaragua, Honduras, Guatemala.

1-12
1. Cierto
2. Falso
3. Cierto
4. No dice
5. Cierto
6. Cierto
7. Falso

1-13
1. puntual
2. cómico
3. simpática

1-14
1. Sí
2. No
3. No
4. Sí
5. Sí
6. Sí
7. Sí
8. No

1-15
1. él / ella / usted / Ud.
2. yo
3. ellos / ellas / ustedes / Uds.
4. tú
5. nosotros / nosotras
6. yo
7. tú
8. él / ella / usted / Ud.
9. ellos / ellas / ustedes / Uds.

1-16
1. llega
2. estudia
3. escucha
4. trabaja
5. mira
6. baila

1-17 *Answers may vary. Possible answers:*
1. estudiamos
2. trabaja
3. bailan
4. saca
5. toma
6. miro
7. practicamos

1-18 *Answers will vary.*

1-19
1. Chris
2. Tú
3. Nosotros
4. Mis amigos
5. Yo

1-20
1. profesor
2. los dos
3. los dos
4. los dos
5. estudiante
6. estudiante
7. profesor
8. los dos

1-21
1. vivimos
2. estudio
3. estudia
4. estudian
5. preparo
6. desayunamos
7. asistimos
8. leo
9. trabajan
10. comen
11. comemos
12. escribimos
13. comemos
14. asistimos

1-22 *Answers will vary.*

1-23
1. los
2. el
3. las
4. la

5. el
6. las

7. la
8. los

1-24

1. X
2. el
3. la
4. el

5. los
6. las
7. X

1-25

1. Yo tengo dos profesoras de ciencias.
2. Yo tengo dos lápices.
3. Yo tengo dos amigos.
4. Yo tengo dos mochilas.
5. Yo tengo dos calculadoras.

1-26

1. Necesita un bolígrafo.
2. Necesitan un diccionario.
3. Necesita una calculadora.
4. Necesita una librería./ Necesita ir a una librería.
5. Necesitas una discoteca./ Necesitas ir a una discoteca.
6. Necesito un mapa.
7. Necesita un televisor.

1-27 *Answers will vary.*

1-28 *Answers will vary.*

1-29

1. estás
2. Estoy
3. estás
4. Estoy
5. Estoy

6. está
7. está
8. están
9. estamos

1-30

1. Está en la biblioteca.
2. Está en la discoteca.
3. Están en el restaurante.
4. Están en el gimnasio.
5. Estamos en la librería.

1-31

1. Nosotros estamos en la clase de español.
2. María y Roy están en la clase de ciencias.
3. X
4. X
5. María está en la oficina de la profesora.
6. Yo estoy en el gimnasio.
7. 12:00 / doce, 1:00 / una

1-32 *Answers will vary.*

1-33

1. Facultad de Ciencias
2. Gimnasio
3. Facultad de Medicina
4. Biblioteca
5. la librería/la Facultad de Humanidades, la Facultad de Humanidades/la librería

1-34

1. d
2. f
3. c
4. e

5. b
6. g
7. a
8. h

1-35

1. a
2. b
3. b
4. b

5. b
6. c
7. d
8. c

1-36

1. Cómo
2. Cuál
3. Cuántos
4. Dónde

5. Cuándo
6. Por qué
7. Quién

1-37 *Answers will vary.*

1-38 *Answers will vary.*

1-39 *Answers will vary.*

1-40

1. No
2. No
3. No

4. Sí
5. Sí

1-41 *Answers will vary.*

1-42 *Answers will vary.*

1-43 b

1-44

1. Falso
2. Falso
3. Falso

4. Cierto
5. Falso

1-45 *Answers will vary.*

1-46 *Answers will vary.*

1-47 *Answers will vary.*

1-48 *Answers will vary.*

1-49

1. Cierto
2. Falso
3. Cierto
4. Falso
5. Cierto
6. Falso
7. Cierto

1-50 *Answers will vary.*

1-51

1. un libro
2. un bolígrafo
3. una calculadora
4. un diccionario
5. una mochila

1-52

1. c
2. e
3. b
4. d
5. a

1-53 *Answers will vary.*

1-54 *Answers may vary. Possible answers:*

1. ¿Qué clases tomas?
2. ¿Cuál es tu clase favorita?
3. ¿Quienes son tus amigos?
4. ¿Cuántos estudiantes hay en tu clase?
5. ¿Dónde trabajas?

1-55

1. Falso
2. Falso
3. Falso
4. Cierto
5. Cierto

1-56

1. Cierto
2. Falso
3. Falso
4. Cierto
5. Falso

CAPÍTULO 2

Mis amigos y yo

2-1

1. d
2. a
3. b
4. c

2-2

1. Cierto
2. Cierto
3. Falso
4. Cierto
5. Cierto
6. Cierto
7. Cierto
8. Falso

2-3

1. baja
2. delgada/flaca
3. morena
4. introvertida
5. débil
6. perezosa
7. antipática

2-4 *Answers will vary.*

2-5

1. Cierto
2. Falso
3. Cierto
4. Falso
5. Falso

2-6

1. Claudia
2. David
3. Ana
4. Ernesto

2-7

1. los dos
2. David
3. Claudia
4. David
5. Claudia

2-8

1. amarilla
2. verde
3. negra
4. blanca
5. marrón

2-9

1. puertorriqueño
2. venezolana
3. cubano
4. español
5. estadounidense/
   norteamericana
6. guatemalteca
7. mexicano
8. colombiano

2-10

1. español
2. mexicana
3. rojo
4. fea
5. delgado
6. morena

2-11

1. J
2. L
3. D
4. G
5. D

2-12

1. bonita
2. largo/castaño
3. castaño/largo
4. negros
5. veinte
6. nerviosa

2-13 *Answers will vary.*

2-14

1. Ana
2. Ana
3. Ernesto y David
4. Ernesto
5. Ana o Ernesto
6. Ana
7. Ernesto y David
8. Ernesto

2-15

1. las profesoras
2. el rector
3. los cuadernos
4. el estudiante
5. el laboratorio

2-16

1. colombianos
2. agradables
3. alegre
4. conversador
5. callada
6. simpática
7. lista
8. trabajadora
9. listo
10. perezoso

2-17 *Answers will vary.*

2-18 *Answers will vary.*

2-19

1. Falso
2. Cierto
3. Cierto
4. Falso
5. Cierto
6. Falso

2-20

1. es
2. son
3. soy
4. es
5. somos
6. eres

2-21 *Answers will vary.*

2-22 *Answers will vary, but should use the following forms of ser + de:*

1. Es de…
2. Son de…
3. Es de…
4. Son de…
5. Es de…
6. Es de…

2-23

1. nueve/9:00/9, noche
2. la biblioteca
3. el gimnasio
4. seis y media/6:30

2-24

1. estás
2. Estoy
3. Es
4. Está
5. está
6. está
7. es

2-25

1. Está cansada/Ana está cansada.
2. Está gorda/Ana está gorda.
3. Está aburrida/Ana está aburrida.
4. Es trabajadora/Ana es trabajadora.
5. Es inteligente/Ana es inteligente.
6. Está triste/Ana está triste.

2-26

1. es
2. es
3. son
4. estoy
5. es
6. es
7. somos
8. están
9. estoy
10. estoy

2-27 *Answers will vary, but should include the following forms of estar:*

1. están
2. estás
3. está
4. estamos

2-28

1. Estás
2. Son
3. Estás
4. Son
5. Estás
6. Eres

2-29 *Answers will vary.*

2-30

1. sus
2. sus
3. mi
4. tu/su
5. nuestros
6. sus
7. su

2-31

1. mi
2. tu
3. sus
4. tu/nuestra
5. tus/nuestros
6. mi

2-32 *Answers will vary, but should include the following possessive adjectives:*

1. Su
2. Su
3. Su
4. Sus
5. Sus
6. Sus

2-33 *Answers will vary, but should include the following possessive adjectives:*

1. Su
2. Sus
3. Mis
4. Mis
5. Mi
6. Su

2-34

1. sus
2. sus
3. sus
4. Sus
5. sus
6. Mi
7. nuestra/mi/su
8. su
9. sus

2-35

1. b
2. c
3. b
4. a
5. b
6. d

2-36

1. Me gustan las discotecas./No me gustan las discotecas.
2. Me gusta la arquitectura colonial./No me gusta la arquitectura colonial.

3. Me gustan las películas de Brad Pitt./No me gustan las películas de Brad Pitt.
4. Me gusta estudiar./No me gusta estudiar.
5. Me gusta cantar./No me gusta cantar.

2-37
1. le gustan/no le gustan
2. le gusta/no le gusta
3. le gustan/no le gustan
4. les gusta/no les gusta
5. le gusta/no le gusta

2-38 *Answers will vary.*

2-39 *Answers will vary.*

2-40
1. argentino
2. rubio
3. psicología
4. veintidós/22
5. simpático
6. inteligente

2-41 *Answers will vary.*

2-42 *Answers will vary.*

2-43 Es un anuncio./un anuncio/anuncio

2-44
1. Cierto
2. Falso
3. Cierto
4. Falso
5. Cierto

2-45 *Answers will vary.*

2-46
1. C
2. A
3. C
4. C
5. C
6. A
7. A

2-47 *Answers will vary.*

2-48 *Answers will vary.*

2-49
1. Falso
2. Cierto
3. Falso
4. Cierto
5. Falso

2-50
1. chileno
2. cubano
3. dominicano
4. guatemalteca
5. puertorriqueño
6. nicaragüense
7. mexicana
8. colombiana
9. argentino
10. español

2-51 *Answers will vary.*

2-52
1. fuerte
2. rica/antipática
3. alegre/divertida/agradable
4. casados
5. pobre

2-53
1. delgada
2. listo/inteligente
3. perezoso
4. bonita/guapa
5. simpático

2-54 *Answers will vary.*

2-55
1. Falso
2. Cierto
3. Cierto
4. Falso
5. Falso

2-56
1. Cierto
2. Falso
3. Falso
4. Cierto
5. Falso
6. Falso

CAPÍTULO 3

El tiempo libre

3-1
1. Cierto
2. Cierto
3. Cierto
4. Cierto
5. Falso
6. Falso
7. Falso
8. Falso
9. Cierto
10. Falso
11. Cierto
12. Falso

3-2
1. e
2. b
3. a
4. d
5. c

3-3
1. c
2. c
3. d
4. a

3-4
1. ver televisión, conversar en la computadora
2. ir al cine, bailar en la discoteca, leer revistas
3. escuchar música, tocar la guitarra, tomar algo en un café

3-5 *Answers will vary.*

3-6 *Answers will vary.*

3-7 *Selected items:* leche, cereal, lechuga, tomate, huevos, agua mineral, helado, chocolate

3-8

1. pollo
2. té
3. helado
4. refresco
5. vino
6. ensalada

3-9

1. e
2. d
3. a
4. h
5. b
6. f
7. c
8. g

3-10

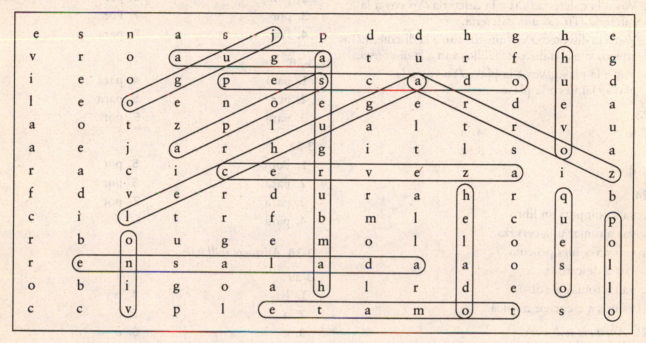

3-11 *Answers will vary. Students should produce one list each of possible (lunch) foods and drinks.*

3-12

1. papas fritas/papas
2. picante
3. limonada/ limonada fría
4. Luciana
5. guitarras
6. dinero
7. Gabi

3-13 *Answers will vary. Students should include ir + a + verb.*

3-14

1. salen
2. pone
3. oye
4. hace
5. pongo
6. salgo
7. hago
8. oye/pone
9. trae
10. ponemos

3-15 *Answers will vary.*

3-16

1. hago ejercicio
2. oigo música
3. pongo la mesa
4. traigo vino
5. pongo flores
6. salgo

3-17

1. oye
2. hace
3. hace
4. pone, trae
5. sale

3-18

1. Yo hago la cama también.
2. Yo preparo el desayuno también.
3. Yo traigo el periódico también.
4. Yo salgo a comprar la comida también. / Yo salgo a comprarla también.

3-19

1. Iquitos
2. Cuzco
3. Ica
4. Arequipa
5. Lima

3-20

1. c
2. a
3. e
4. b
5. d

3-21

1. va a la librería
2. van al supermercado
3. vas a la universidad
4. vamos a la cafetería
5. vas al cine
6. van a la residencia estudiantil
7. va a la discoteca
8. van a la playa

3-22

1. Voy a la librería./Vas a la librería./Yo voy a la librería./Tú vas a la librería.
2. Van a la biblioteca./Los estudiantes van a la biblioteca./Ellos van a la biblioteca.
3. Va al cine./El profesor va al cine./Él va al cine.
4. Voy a la cafetería./Vas a la cafetería./Yo voy a la cafetería./Tú vas a la cafetería.
5. Van a la discoteca./Mis amigos van a la discoteca./Tus amigos van a la discoteca./Ellos van a la discoteca.
6. Voy a la playa./Vas a la playa./Yo voy a la playa./Tú vas a la playa.

3-23

1. b
2. c
3. d
4. a
5. e

3-24

1. va a comprar un libro
2. vas a tomar una cerveza
3. van a ver una película
4. voy a descansar
5. van a tomar el sol
6. vamos a escuchar música

3-25 *Answers will vary.*

3-26 *Answers will vary.*

3-27 Teresa

3-28

1. 287
2. 504
3. 213
4. 704
5. 1.000

3-29

1. 189
2. 45
3. 432
4. 271
5. 533
6. 206

3-30

1. sabe
2. conoce
3. sabe
4. sabe
5. conoce

3-31 *Answers will vary.*

3-32

1. Conoces
2. Sabe
3. sabe
4. Conoces
5. sabe
6. saben

3-33

1. conoces
2. conocer
3. sabes
4. Sé
5. Sabes
6. sabe
7. conocer

3-34

1. para
2. Por
3. por
4. por

3-35

1. Por
2. por
3. por
4. Por
5. para
6. por
7. Por
8. para

3-36

1. para
2. por
3. para
4. para
5. para
6. por

3-37

1. Por
2. para
3. para
4. para
5. por
6. por
7. por

3-38 *Answers will vary.*

3-39

1. b
2. a
3. c
4. b
5. c
6. c

3-40 *Answers will vary.*

3-41 *Answers will vary.*

3-42

1. b
2. a

3-43

1. Falso
2. Cierto
3. Cierto
4. Cierto
5. Falso
6. Cierto

3-44 *Answers will vary.*

3-45 *Answers will vary.*

3-46 *Answers will vary.*

3-47

1. c
2. f
3. a
4. b
5. e
6. d

3-48

1. Cierto
2. Cierto
3. Falso
4. Falso
5. Cierto
6. Cierto

3-49 *Answers will vary.*

3-50 *Answers will vary.*

3-51 *Answers will vary.*

3-52

1. c
2. c
3. b
4. c
5. b

3-53

1. Cierto
2. Falso
3. Falso
4. Cierto
5. Cierto

CAPÍTULO 4

En familia

4-1

1. d
2. a
3. e
4. b
5. c

4-2

1. abuelo
2. primos
3. tío
4. madre/mamá
5. sobrina
6. nieto
7. hermanos
8. tía

4-3

1. Carmen
2. Jorge
3. Cristina
4. Carlos/Ricardo
5. Antonia/Laura
6. Gonzalo
7. Adolfo

4-4 *Selected words:* tía, abuela, madre, primo

4-5

1. padre/papá, hijo
2. hermanos
3. esposos
4. hermanos
5. abuela, nieto

4-6 *Answers will vary.*

4-7 *Answers will vary.*

4-8

1. Cierto
2. No dice
3. Falso
4. Falso
5. Cierto
6. No dice
7. Falso

4-9

1. padre, serio
2. Adolfo, hermano
3. Carmen, madre/mamá
4. tía, conversadora/divorciada
5. Andrés
6. padre, ocupado
7. Rosa
8. hermano, casado/trabajador
9. Esther, hermana
10. abuela, tranquila

4-10

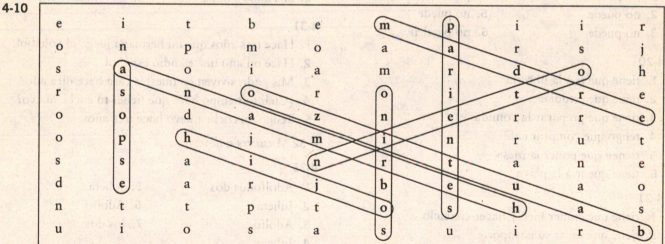

4-11 *Answers may vary. Possible answers:* la abuela, el padre, el hermano, la madre

4-12

1. c
2. a
3. b
4. c
5. b
6. c

4-13

1. Marcos
2. Abuela
3. Javier
4. Papá
5. Luciana

4-14

1. a
2. d
3. c
4. b
5. d
6. e
7. b
8. a

4-15

1. Estados Unidos
2. Estados Unidos
3. Colombia
4. Estados Unidos
5. Los dos

4-16

1. pueden
2. duermo, puedo
3. tengo
4. vienen, vengo
5. cuestan
6. juego
7. prefieren

4-17

1. dicen
2. pienso
3. quiero
4. pido
5. Prefiero
6. duerme
7. quiere
8. prefiere

4-18

1. pide
2. piden
3. pedimos
4. pido
5. pide

4-19

1. no puede
2. no puede
3. no puede
4. pueden
5. no puede
6. no pueden

4-20

1. tiene que ir a la librería
2. tiene que estudiar
3. tiene que preparar la comida
4. tengo que comprar café
5. tienen que poner la mesa
6. tiene que ir a la playa

4-21

1. tiene que comer bien y hacer ejercicio
2. tiene que sacar su pasaporte
3. tienen que practicar
4. tiene que comprar nuevos discos compactos
5. tiene que hablar con él
6. tiene que tomar el autobús

4-22 *Answers will vary.*

4-23 *Answers will vary.*

4-24

1. a
2. b
3. a
4. b
5. c
6. c

4-25

1. Sí, toco el piano, pero no frecuentemente.
2. Me gusta, pero realmente prefiero la guitarra.
3. Toco mal, porque no practico mucho.
4. Porque generalmente no tengo tiempo para practicar.
5. Mañana, Antonio… te llamo mañana.

4-26 *Answers may vary. Possible answers:*

1. sinceramente
2. rápidamente
3. elegantemente
4. tranquilamente
5. alegremente

4-27 *Answers will vary.*

4-28 *Answers will vary.*

4-29

1. hace tres años/hace 3 años
2. hace un año/hace 1 año
3. hace dos años/hace 2 años
4. hace tres años/hace 3 años
5. hace seis meses/hace 6 meses

4-30

1. cuatro años/4 años
2. dos años/2 años
3. un año/1 año
4. tres meses/3 meses

4-31

1. Hace tres años que mi hermana juega al voleibol.
2. Hace un año que estudio español.
3. Mis padres viven en nuestra casa hace diez años.
4. ¿Cuánto tiempo hace que tienes tu coche nuevo?
5. Tengo mi coche nuevo hace tres años.

4-32 *Answers will vary.*

4-33

1. Adolfo/los dos
2. Julieta
3. Adolfo
4. Julieta
5. Julieta
6. Adolfo
7. los dos

4-34

1. nos
2. me
3. se
4. se
5. se
6. me
7. me
8. se
9. nos
10. te

4-35
1. te levantas
2. te bañas
3. te vistes
4. Te acuestas

4-36
1. se levanta
2. se ducha
3. se viste
4. se acuesta
5. se duerme

4-37 *Answers will vary.*

4-38
1. 9:00/9
2. 2:00/2
3. 3:00/3

4-39
1. clase de economía/una clase de economía
2. examen de sociología/clase de sociología/un examen de sociología/una clase de sociología
3. nada
4. nada
5. nada
6. fiesta/una fiesta
7. 4:00/cuatro 1:00/una

4-40
1. del Oro
2. 16/dieciséis
3. 5/cinco

4-41 *Answers will vary.*

4-42 1. c

4-43
1. Falso
2. Falso
3. No dice
4. No dice
5. Cierto
6. Cierto
7. Falso
8. Falso

4-44 *Answers will vary.*

4-45 *Answers will vary.*

4-46 *Answers will vary.*

4-47 *Answers will vary.*

4-48
1. c
2. a
3. c
4. b
5. b
6. c
7. b

4-49
1. David
2. Flora
3. Joaquín
4. Juan David/Rodrigo
5. Rodrigo/Juan David

4-50
1. tía
2. hermanas
3. primos
4. nieto
5. esposa
6. madre/mamá
7. padre/papá
8. hija
9. nieta
10. sobrina

4-51 *Answers will vary.*

4-52
1. a
2. c
3. b
4. a
5. b

4-53
1. Cierto
2. No dice
3. No dice
4. Cierto
5. Falso
6. Falso
7. Cierto

CAPÍTULO 5

Mi casa es su casa

5-1
1. a
2. b
3. d
4. e
5. c

5-2
1. muebles
2. cama
3. sofá
4. refrigerador
5. lavaplatos
6. lavabo
7. chimenea
8. piscina

5-3
1. 3

5-4
1. c
2. a
3. d
4. e
5. b

5-5
1. Cierto
2. Falso
3. No dice
4. Falso
5. Cierto
6. No dice
7. Cierto
8. Falso

5-6 *Answers will vary. Possible answers:*
1. en la cocina
2. en el jardín
3. en la cocina
4. en el dormitorio
5. en el baño
6. en la sala
7. en el comedor
8. en la cocina

5-7 *Answers will vary.*

5-8
1. b
2. c
3. c
4. b
5. d

5-9 *Answers will vary.*

5-10

1. radio
2. cocina
3. jardín
4. cama
5. refrigerador
6. butaca
7. comedor
8. televisor
9. cortina
10. sofá

5-11

1. el sofá/el televisor
2. el televisor/el sofá
3. el horno/el fregadero
4. el fregadero/el horno
5. la ducha/el inodoro
6. el inodoro/la ducha

5-12

1. Cierto
2. Falso
3. Cierto
4. No dice
5. Falso
6. Cierto
7. No dice

5-13 *Answers may vary. Possible answers:*

1. Está limpiando la sala.
2. Está lavando un plato.

5-14

1. está cortando
2. está limpiando
3. está barriendo
4. está pasando
5. está haciendo

5-15 *Answers will vary.*

5-16

1. estás haciendo
2. estoy viendo
3. Está preparando
4. Está reparando
5. está estudiando
6. está durmiendo
7. Estoy escribiendo

5-17

1. c
2. b
3. a
4. d
5. e

5-18

1. Papá está mirando la televisión.
2. Clara está sacando la basura.
3. Luis está estudiando.
4. Pablo está leyendo un libro.
5. El abuelo está escuchando la radio.
6. El perro está durmiendo en la sala.

5-19 *Answers will vary.*

5-20

1. Tiene sueño.
2. Tiene frío.
3. Tiene prisa.
4. Tiene miedo.
5. Tiene hambre.
6. Tienen calor.

5-21

1. b
2. c
3. a
4. b
5. c

5-22

1. tiene sueño
2. tiene hambre
3. tienen miedo/tienen cuidado
4. tiene prisa
5. tiene suerte

5-23

1. tiene sueño
2. tiene sed
3. tiene razón

5-24 *Answers will vary.*

5-25

1. Las
2. Los
3. La
4. La
5. Lo
6. Lo
7. Las

5-26

1. d
2. c
3. e
4. b
5. a

5-27

1. d
2. b
3. c
4. a
5. a

5-28

1. a
2. d
3. b
4. c
5. b

5-29 *Answers may vary. Possible answers:*

1. Sí, la estoy ordenando.
2. Sí, la voy a sacar.
3. Sí, los limpiamos.
4. Sí, los lava.
5. Sí, la tengo que hacer.
6. Sí, los vamos a estudiar.
7. Sí, lo hacemos.

5-30 *Answers may vary. Possible answers:*

1. A su madre la quiere mucho.
2. A sus abuelos los aprecia.
3. A su hermana la comprende bien.
4. A sus profesores los respeta.

5-31

1. su madre/mi madre/la madre/madre
2. su hermano/mi hermano/el hermano/hermano
3. sus hermanas gemelas/sus hermanas/mis hermanas gemelas/mis hermanas/hermanas gemelas/hermanas
4. sus abuelos/mis abuelos/los abuelos/abuelos
5. su abuela/mi abuela/la abuela/abuela

5-32

1. este
2. aquel/ese
3. aquellas/esas
4. esa/aquella
5. estos
6. Ese/Aquel
7. este
8. Ese

5-33

1. eso
2. Esto
3. aquello
4. esto
5. Eso/Esto

5-34

1. ese/aquel
2. esta/esa
3. estos/esos
4. aquellas
5. este/ese

5-35

1. b
2. a
3. c
4. b
5. d

5-36 *Answers will vary.*

5-37

1. Cierto
2. Falso
3. Falso
4. Cierto
5. Cierto

5-38 *Answers will vary.*

5-39 *Answers will vary.*

5-40

1. No
2. No
3. Sí
4. Sí
5. Sí
6. No
7. No
8. Sí

5-41

1. Falso
2. Cierto
3. Cierto
4. Falso
5. Cierto

5-42 *Answers will vary.*

5-43 *Answers will vary.*

5-44 *Answers will vary.*

5-45 *Answers will vary.*

5-46

1. Cierto
2. Falso
3. Falso
4. Cierto
5. Falso
6. Cierto
7. Cierto
8. Cierto
9. Falso
10. Cierto

5-47 *Answers will vary.*

5-48 *Answers will vary.*

5-49 *Answers will vary.*

5-50

1. No
2. No
3. Sí
4. Sí

5-51

1. Cierto
2. Falso
3. No dice
4. Falso
5. Cierto
6. No dice
7. Cierto

CAPÍTULO 6

De compras

6-1

1. Jorge
2. nadie
3. Ricardo
4. Alejandra
5. Ricardo
6. Alejandra
7. Jorge
8. Jorge
9. Ricardo
10. nadie
11. Alejandra
12. nadie
13. Alejandra

6-2

1. b, d
2. c, e
3. b, d

6-3

1. e
2. d
3. b
4. a
5. c

6-4

1. ilógico
2. ilógico
3. ilógico
4. lógico
5. lógico
6. lógico
7. ilógico
8. lógico

6-5

1. los pantalones
2. la bufanda
3. los guantes
4. el suéter de lana/el suéter
5. el abrigo

6-6

1. estrecha
2. grande
3. 40/cuarenta
4. rebajadas
5. falda

6-7

1. c
2. a
3. c
4. c
5. a
6. a

6-8

1. b
2. b
3. b
4. b
5. c

6-9 *Answers will vary.*

6-10

1. anillo
2. collar
3. abrigo
4. sudadera
5. vaqueros
6. botas

6-11 *Selected items:* camisa, cinturón, pantalones

6-12

1. falda
2. blusa
3. ropa
4. pantalones
5. ganga
6. moda
7. camisa

6-13 *Answers will vary (students should use the preterit).*

6-14

1. la semana pasada
2. hoy
3. la semana pasada
4. hoy
5. la semana pasada
6. la semana pasada
7. la semana pasada

6-15

1. d
2. b
3. a
4. d
5. c
6. a
7. c

6-16

1. comí, hablé
2. practicaron, comieron
3. miré, estudié
4. asistieron, tomaron

6-17

1. Diana
2. Jorge
3. los dos
4. Jorge
5. Diana
6. Jorge
7. los dos
8. Jorge

6-18

1. a
2. e
3. b
4. c
5. c
6. b
7. d
8. a

6-19 *Answers will vary.*

6-20

1. Llegó a las dos./El hombre llegó a las dos./A las dos
2. Los dependientes hablaron con él./Los dependientes
3. Miró los collares.
4. Salió rápidamente de la tienda./Salió de la tienda rápidamente./El hombre salió rápidamente de la tienda./El hombre salió rápidamente/Salió rápidamente./El hombre salió de la tienda rápidamente.
5. Llamé a la policía./Yo llamé a la policía.

6-21

1. fueron
2. fuimos
3. fuimos
4. fue
5. fue
6. fuimos
7. fue
8. fuimos
9. fuimos
10. Fueron

6-22

1. ser
2. ir
3. ir
4. ser
5. ser
6. ir
7. ser
8. ir
9. ir
10. ser

6-23 *Answers will vary.*

6-24

1. ir
2. ser
3. ir
4. ser
5. ser
6. ir

6-25

1. fue
2. fue
3. fueron
4. fueron
5. fue

6-26 *Answers will vary.*

6-27

1. les
2. le
3. le
4. les
5. les

6-28

1. Sí, le compré un paraguas.
2. Sí, les compré unas bufandas.
3. Sí, le compré unos zapatos de tenis.
4. Sí, le compré unas pulseras.
5. Sí, te compré algo interesante.

6-29 *Answers may vary. Possible answers:*

1. me dieron unos pantalones
2. me dio unos aretes
3. me dieron un abrigo
4. me dio una pulsera

6-30 *Answers may vary. Suggested answers:*

1. le damos unos pantalones de cuero y una camiseta de colores
2. les damos unos pantalones cortos y zapatos de tenis
3. les damos vestidos elegantes con zapatos de tacón
4. le damos un traje azul con una corbata roja
5. le damos un traje de baño y unas sandalias

6-31

1. c
2. a
3. c
4. c
5. a

6-32 *Answers will vary.*

6-33

1. gustó
2. gustaron
3. parecieron
4. cayó
5. interesan
6. encantó

6-34 *Selected items:* los estudios; la biología; conversar con los amigos; hablar de la política; la música popular; la música rock, bailar

6-35 *Answers will vary.*

6-36

1. es
2. es
3. es
4. es
5. está
6. está
7. está

6-37 *Answers will vary.*

6-38

1. es
2. es
3. es
4. es
5. está
6. estoy
7. es
8. ser

6-39 *Answers will vary.*

6-40 *Answers will vary.*

6-41 *Answers may vary. Possible answers:*

1. un suéter de lana
2. mediano
3. el suéter rojo
4. 45.000 bolívares
5. en efectivo

6-42 *Answers will vary.*

6-43 *Answers will vary. Possible answers:* blusas; anillos; faldas; pantalones; aretes; botas; zapatos; camisas; vestidos; trajes; paraguas; gorras; zapatos de tenis; calcetines; corbatas; suéteres.

6-44

1. Falso
2. No dice
3. Cierto
4. Cierto
5. Falso
6. Falso
7. No dice
8. Falso

6-45

1. a/c
2. a/c
3. b

6-46 *Answers will vary.*

6-47 *Answers will vary.*

6-48 *Answers will vary.*

6-49

1. b
2. c
3. b
4. c
5. c
6. c
7. c
8. b

6-50 *Answers will vary.*

6-51 *Answers will vary; students should list different types of clothing and accessories for different occasions: interview, formal celebration, party at the beach.*

6-52 *Answers will vary; students should produce clothing and accessory vocabulary, verbs in the preterit, and* **gustar.**

6-53

1. Cierto
2. Falso
3. Cierto
4. Falso
5. No dice
6. Cierto
7. No dice

6-54

1. c
2. c
3. b
4. b

CAPÍTULO 7

Los deportes

7-1
1. el fútbol
2. el béisbol
3. el ciclismo
4. el tenis
5. el golf

7-2
1. el baloncesto/el básquetbol
2. el ciclismo
3. el golf
4. el tenis
5. el fútbol

7-3
1. c
2. a
3. d
4. e
5. b

7-4
1. raqueta
2. bate
3. palos
4. red
5. gol

7-5 *Answers may vary. Possible answers:*
1. Sí, para el voleibol necesitas una red.
2. No, para el fútbol necesitas una pelota.
3. Sí, para el golf necesitas unos palos.
4. No, para el baloncesto necesitas un cesto.
5. No, para el tenis necesitas una raqueta.

7-6
1. el esquí
2. el tenis
3. el vóleibol
4. el ciclismo

7-7 *Answers will vary.*

7-8
1. b
2. f
3. a
4. e
5. c
6. d

7-9
1. b
2. a
3. b
4. c
5. b

7-10
1. el esquí
2. el golf/el ciclismo
3. el ciclismo/el golf
4. el vóleibol

7-11 *Selected items:* fútbol, béisbol, esquí

7-12
1. b
2. c
3. c
4. a
5. a
6. b

7-13 *Answers will vary.*

7-14
1. se despertó
2. se levantó
3. se bañó
4. se secó
5. se vistió
6. se lavó los dientes
7. se puso el camisón
8. se acostó

7-15
1. los dos
2. Gabriela
3. Franco
4. los dos
5. Franco
6. Franco
7. Gabriela
8. los dos/Gabriela

7-16
1. se levantó
2. se bañó
3. se puso
4. se quedó
5. se fue
6. se acostó
7. se durmió

7-17
1. Se acostaron
2. se levantaron
3. Se pusieron
4. Se bañaron
5. se fueron

7-18
1. me levanté
2. nos pusimos
3. se lavó
4. me acosté

7-19 *Answers will vary.*

7-20 *Answers will vary.*

7-21
1. leyó
2. oyó
3. oyeron
4. leyó

7-22
1. oíste
2. oí
3. creí
4. leí
5. leíste
6. leímos

7-23 *Answers will vary.*

7-24
1. tú
2. Gabriela (yo)
3. Franco y César
4. tú
5. Gabriela (yo)
6. Franco

7-25
1. se vistió
2. durmieron
3. prefirió
4. oyeron
5. pidieron

7-26 *Answers will vary.*

7-27

1. Franco repitió la buena noticia muchas veces.
2. Ellos sirvieron cerveza para celebrar el triunfo./ Ellos para celebrar el triunfo sirvieron cerveza.
3. Gabriela prefirió tomar vino.
4. César se vistió con los colores del equipo.
5. Ellos no durmieron esa noche./Ellos esa noche no durmieron.

7-28

1. Es para ella.
2. Son para ellos.
3. Es para él.
4. Es para él.
5. Son para ellas.
6. Son para mí.
7. Son para nosotras./ Son para nosotros. Son para mí y para ti./ Son para ti y para mí.

7-29

1. conmigo
2. con
3. sin
4. mí
5. ti
6. contigo
7. nosotros

7-30

1. contigo
2. de él
3. de mí
4. sin ella
5. para mí
6. conmigo

7-31

1. estuvo
2. vino
3. quiso
4. tradujo
5. tuvo
6. pudo

7-32

1. Fui al cine./No fui al cine.
2. Me puse ropa elegante./No me puse ropa elegante.
3. Quise ir a la playa./No quise ir a la playa.
4. Descansé./No descansé.
5. Hice la tarea./No hice la tarea.
6. Estuve en casa./No estuve en casa.
7. Me bañé./No me bañé.
8. Tuve mucho trabajo./No tuve mucho trabajo.

7-33 *Answers will vary.*

7-34 *Answers may vary. Possible answers:*

1. Sí, vino a la universidad./No, no vino a la universidad.
2. Sí, se levantó temprano./No, no se levantó temprano.
3. Sí, hizo algún deporte./No no hizo ningún deporte.
4. Sí, tuvo que hacer tareas domésticas./No, no tuvo que hacer tareas domésticas.
5. Sí, estuvo en algún lugar interesante./No, no estuvo en ningún lugar interesante.
6. Sí, miró la televisión./No, no miró la televisión.

7-35

1. fuimos
2. estuvimos
3. vimos
4. Fue
5. tomamos
6. tuvimos
7. pudimos
8. nos pusimos

7-36

1. La pasó ayer./Gabriela la pasó ayer./Ayer la pasó./ Ayer Gabriela la pasó.
2. Los lavamos ayer./Nosotros los lavamos ayer./Ayer los lavamos./Ayer nosotros los lavamos.
3. La puso ayer./Franco la puso ayer./Ayer la puso./ Ayer Franco la puso.
4. La hice ayer./Yo la hice ayer./Ayer la hice./Ayer yo la hice.
5. Fueron ayer./Gabriela y Franco fueron ayer./Franco y Gabriela fueron ayer./Ayer fueron./Ayer Gabriela y Franco fueron./Ayer Franco y Gabriela fueron.

7-37 *Answers will vary according to the year.*

7-38

1. hace diez minutos
2. hace dos minutos
3. hace cuarenta minutos
4. hace quince minutos
5. hace veinticinco minutos
6. Sí, llegaron todos./Sí, todos llegaron./Sí
7. Santiago llegó primero./Santiago

7-39 *Answers will vary.*

7-40

1. C
2. C
3. O
4. O
5. C

7-41 *Answers will vary.*

7-42 *Answers will vary.*

7-43

1. b
2. b
3. c

7-44

1. Falso
2. Falso
3. Cierto
4. No dice
5. Falso
6. Cierto

7-45 *Answers will vary.*

7-46 *Answers will vary.*

7-47 *Answers will vary.*

7-48 *Answers will vary.*

7-49

1. b
2. c
3. c
4. a
5. b
6. b

7-50 *Answers will vary.*

7-51

1. el béisbol
2. el guante/el bate
3. el bate/el guante
4. el golf
5. los palos/la pelota
6. la pelota/los palos
7. el tenis
8. la raqueta/la red
9. la red/la raqueta

7-52

1. Sí
2. No
3. No
4. Sí
5. No

7-53 *Answers will vary.*

7-54

1. b
2. b
3. c
4. b

7-55

1. O
2. C
3. C
4. C
5. O

CAPÍTULO 8

Nuestras tradiciones

8-1

1. d
2. c
3. a
4. e
5. b

8-2

1. f
2. e
3. a
4. b
5. c
6. d

8-3 *Answers will vary.*

8-4

1. La Navidad/La nochebuena
2. El Día de las Madres/el Día de la Madre/el cumpleaños
3. La Nochevieja/el Fin del Año
4. El Día de las Brujas
5. El Día de Acción de Gracias

8-5 *Answers will vary.*

8-6

1. b
2. a
3. c
4. c
5. a
6. c
7. c
8. b

8-7

1. d
2. e
3. a
4. b
5. c

8-8 *Answers will vary.*

8-9 *Answers will vary.*

8-10

1. Independencia
2. Navidad
3. Gracias
4. Carnaval
5. Nuevo
6. Madres
7. Pascua

8-11 *Answers may vary. Possible answers include:* pastel, regalos, invitaciones, música.

8-12

1. Cierto
2. Cierto
3. Cierto
4. Falso
5. No dice
6. Falso
7. Cierto

8-13

1. b
2. a
3. a
4. b

8-14

1. imperfecto
2. presente
3. imperfecto
4. presente
5. imperfecto
6. imperfecto
7. presente
8. presente
9. imperfecto
10. imperfecto

8-15

1. b
2. a
3. c
4. d

8-16

1. acción habitual
2. acción en progreso
3. descripción
4. descripción
5. acción habitual

8-17

1. b
2. c
3. d
4. a
5. b
6. a

8-18

1. Falso
2. Cierto
3. Cierto
4. No dice
5. Falso
6. Cierto
7. Cierto

8-19 *Answers will vary.*

8-20

1. íbamos
2. nos reuníamos
3. cocinaba
4. miraba
5. eran
6. jugábamos
7. estaba

8-21

1. b
2. a
3. c
4. a
5. b
6. a

8-22

1. a
2. c
3. b
4. a
5. b

8-23

1. habitualmente
2. habitualmente
3. habitualmente
4. una vez
5. una vez
6. una vez

8-24 *Answers will vary.*

8-25

1. más
2. menos
3. más
4. más
5. más

8-26 *Answers will vary.*

8-27 *Answers will vary.*

8-28

1. Cierto
2. Falso
3. Cierto
4. Falso
5. Cierto

8-29

1. Hotel Miramar/Miramar
2. Hotel Miramar/Miramar
3. Hotel Sol/Sol
4. Hotel Sol/Sol
5. Hotel Sol/Sol

8-30 *Answers will vary. Possible answers:*

1. La Orquesta Celeste es más cara que el Mariachi Veracruz.
2. La Orquesta Celeste tiene más músicos que el Mariachi Veracruz.
3. El Mariachi Veracruz toca menos canciones que la Orquesta Celeste.
4. La Orquesta Celeste es mejor que el Mariachi Veracruz.

8-31

1. Sí
2. No, Guillermo no es tan delgado como Héctor./No, Guillermo es menos delgado que Héctor./No, Héctor es más delgado que Guillermo.
3. Sí
4. Sí
5. No, Héctor no tiene tantos zapatos como Guillermo./No, Hector tiene menos zapatos que Guillermo./No, Guillermo tiene más zapatos que Héctor.

8-32

1. Falso
2. Falso
3. Cierto
4. Cierto
5. Cierto
6. Falso

8-33

1. tantos
2. tantos
3. tantas
4. tanto
5. tan
6. tan

8-34

1. tantas, como
2. tanta, como
3. tan, como
4. tan, como
5. tantos, como

8-35

1. Anita es la menor./Anita es la más joven.
2. Ramón es el más alto.
3. Raquel es la más baja.
4. Ramón es el más pesado./Ramón pesa más.
5. Raquel es la menos pesada./Raquel pesa menos.
6. Raquel tiene la mejor condición física.
7. Raquel

8-36

1. la mejor
2. fresquísimos
3. buenísimo
4. las mejores
5. las más caras
6. grandísimas

8-37

1. Sí, el profesor de química es buenísimo./Sí, es buenísimo./Sí, él es buenísimo./El profesor de química es buenísimo./Es buenísimo./Él es buenísimo.
2. Sí, nuestros compañeros son inteligentísimos./Sí, ellos son inteligentísimos./Sí, son inteligentísimos./Nuestros compañeros son inteligentísimos./Ellos son inteligentísimos./Son inteligentísimos.
3. Sí, la biblioteca es grandísima./Sí, es grandísima./La biblioteca es grandísima./Es grandísima.
4. Sí, la comida de la cafetería es baratísima./Sí, la comida es baratísima./Sí, es baratísima./La comida de la cafetería es baratísima./La comida es baratísima./Es baratísima.
5. Sí, la universidad es modernísima./Sí, es modernísima./La universidad es modernísima./Es modernísima.

8-38 *Answers will vary.*

8-39

1. llegó, era
2. Vivió, se fue
3. se casó, tuvieron/tenían
4. celebraban, tenían
5. recibían

8-40 *Answers will vary.*

8-41 *Answers will vary.*

8-42

1. religiosa
2. religiosa
3. secular
4. secular
5. secular
6. religiosa
7. personal
8. secular
9. religiosa
10. secular
11. personal
12. secular
13. religiosa
14. religiosa

8-43

1. La Navidad/Navidad
2. El Día de los Santos Reyes/La Epifanía/El día de los Reyes Magos/El día de los Reyes
3. El 5 de mayo/el cinco de mayo/5 de mayo/cinco de mayo
4. El 16 de septiembre/el dieciséis de septiembre/16 de septiembre/dieciséis de septiembre
5. El 12 de diciembre/el doce de diciembre/12 de diciembre/doce de diciembre

8-44 *Answers will vary.*

8-45 *Answers will vary.*

8-46 *Answers will vary.*

8-47 *Answers will vary.*

8-48

1. Cierto
2. No dice
3. Falso
4. Cierto
5. Cierto
6. Falso
7. No dice
8. Cierto
9. No dice
10. Cierto

8-49 *Answers will vary.*

8-50

1. La Nochebuena
2. El Día de las Brujas
3. El Día de Acción de Gracias
4. El Día de los Enamorados/El Día de San Valentín
5. La Nochevieja

8-51 *Answers will vary.*

8-52

1. Cierto
2. Falso
3. Cierto
4. Falso
5. Falso

8-53

1. c
2. a
3. b
4. b
5. c

CAPÍTULO 9

Hay que trabajar

9-1

1. c
2. a
3. e
4. b
5. d
6. f

9-2

1. psicólogo
2. abogada
3. vendedor
4. actor
5. plomero/fontanero

9-3

1. a
2. c
3. b
4. a
5. c

9-4

1. un arquitecto
2. un intérprete
3. un peluquero
4. un psicólogo
5. un médico
6. un abogado
7. un técnico

9-5

1. el bombero
2. el plomero/el fontanero
3. el peluquero
4. el intérprete
5. el cajero/el vendedor/el dependiente
6. el contador/el abogado

9-6

1. cajera
2. cocinero/chef
3. policía
4. actor
5. enfermera

9-7

1. e
2. b
3. d
4. c
5. a

9-8 *Answers will vary.*

9-9

1. bomberos
2. médico
3. abogada
4. policías
5. cocinero/chef
6. peluquera
7. locutores
8. periodistas
9. cajera

9-10

```
i l i e d í r v v u d e o r o
v t c n l u a e e a o c u t t
a l a l s m s u a d s e e t o
c r í t l o o a e r c v a i r
a s e r p m e m t d t v a e l
n u d o s u p v u í t m l a r
t r t c e l e t s c u m o d p
e e c s e u i s a o l r c í p
l o r a a c e n t í e e d p t
e n d r i í e d t o p p i s t
u o a l s r s r l o l c e e s
c a o d e r c u o n d t u u s
t s a a e u c n t i p s p c m
m m u a u c s u m u t s a e s
l s i a u l i s a s p v o e i
```

9-11

1. el abogado/abogado
2. el médico/médico
3. el bombero/bombero
4. el actor/actor
5. el cocinero/cocinero/ el chef/chef

9-12

1. trabajo
2. currículum
3. anuncio
4. Gabi
5. ingeniero
6. actriz

9-13 *Answers will vary.*

9-14

1. la
2. lo
3. la
4. los
5. lo

9-15

1. Cierto
2. Falso
3. No dice
4. Cierto
5. Cierto
6. Falso

9-16

1. objeto indirecto
2. objeto indirecto
3. objeto directo
4. objeto directo
5. objeto indirecto
6. objeto indirecto
7. objeto directo
8. objeto directo

9-17

1. te la
2. Te lo
3. Te los
4. Te las
5. te la

9-18

1. d
2. b
3. c
4. c
5. b
6. b

9-19

1. c
2. a
3. c
4. b
5. c

9-20

1. Sí, se lo compré./Sí, yo se lo compré./Se lo compré./ Yo se lo compré.
2. Sí, se las preparé./Sí, yo se las preparé./Se las preparé./ Yo se las preparé.
3. Sí, se las hice./Sí, yo se las hice./Se las hice./Yo se las hice.
4. Sí, se lo llevé./Sí, yo se lo llevé./Se lo llevé./Yo se lo llevé.
5. Sí, se lo di./Sí, yo se lo di./Se lo di./Yo se lo di.

9-21

1. No, se la di a Alejandro./Se la di a Alejandro.
2. No, te los di a ti./Te los di a ti.
3. No, se los di a ustedes./Se los di a ustedes.
4. No, se lo di a Marta./Se lo di a Marta.
5. No, se las di a usted./Se las di a usted.

9-22

1. Alejandro se las da./Se las da Alejandro.
2. Sandra se lo compra./Se lo compra Sandra.
3. Marta se la regala./Se la regala Marta.
4. Lorena se los regala./Se los regala Lorena.

9-23

1. b
2. a
3. a
4. b
5. b

9-24

1. b
2. c
3. d
4. e
5. a

9-25

1. a
2. b
3. c
4. b
5. a

9-26

1. b
2. b
3. b

9-27

1. Eran
2. abrió
3. dijo
4. lloraba
5. Entré
6. estaba
7. podía
8. debía
9. empezó/empezaba

9-28 *Answers will vary.*

9-29

1. leía
2. llamó
3. preguntó
4. quería
5. dijo
6. estaba
7. Eran
8. llegó
9. comían
10. cenaban
11. se hablaban
12. se sentían

9-30

1. a
2. c
3. c
4. a
5. c

9-31

1. Lean
2. Visiten
3. Busquen
4. Envíen
5. Llenen
6. Vayan

9-32

1. Cierto
2. Falso
3. Falso
4. Cierto
5. No dice
6. Falso
7. No dice
8. Cierto

9-33

1. limpie
2. lave
3. saque
4. tenga
5. prepare

9-34

1. Por favor, sean amables con los clientes.
2. Por favor, traigan las bebidas rápidamente.
3. Por favor, pongan la mesa correctamente.
4. Por favor, sirvan el agua frecuentemente.
5. Por favor, quiten los platos con cuidado.

9-35

1. Sí, acéptela./Acéptela.
2. Sí, llévelo./Llévelo.
3. Sí, ábralas./Ábralas.
4. Sí, recójalos./Recójalos.
5. Sí, llévelos./Llévelos.

9-36 *Answers will vary.*

9-37 *Answers will vary.*

9-38 *Answers will vary.*

9-39 *Answers will vary, but should include the following commands:*

1. haga, estudie, inscríbase, busque, sea
2. haga, tome, practique, use, viaje, busque

9-40 *Answers will vary.*

9-41 *Answers will vary.*

9-42 *Answers will vary.*

9-43 *Answers may vary, but should include the following:*

1. Secretaria ejecutiva bilingüe
2. Experiencia mínima de 4 años
3. Excelentes relaciones interpersonales y buena presencia
4. Currículum, foto reciente y pretensiones de sueldo
5. Oficina de Personal Mineral el Teniente, Morandé 938
6. Vendedora
7. Menor de 45 años
8. Soltera
9. Experiencia en programación
10. Conocimiento de idiomas
11. Currículum vitae y fotografía
12. Contrataciones IBM, Avenida Costanera 1075, Providencia, Santiago

9-44 *Answers will vary.*

9-45

Selected answers:

nombre, educación, dirección de correo electrónico, oficio/ocupación, experiencia

9-46 *Answers will vary.*

9-47 *Answers will vary.*

9-48

1. b
2. a
3. b
4. c
5. b
6. c

9-49 *Answers will vary.*

9-50

1. anuncios
2. puesto
3. entrevista
4. peluquería
5. solicitud

9-51 *Answers will vary.*

9-52

1. c
2. a
3. a
4. a
5. c

9-53

1. c
2. a
3. a
4. c
5. b

CAPÍTULO 10

¡A comer!

10-1
1. b
2. e
3. c
4. a
5. f
6. d

10-2
1. c
2. d
3. a
4. d
5. c

10-3
1. la harina
2. el melón
3. el yogur
4. el aguacate
5. la langosta
6. el pastel
7. el aderezo

10-4
1. d
2. b
3. d
4. c
5. c

10-5
Selected items:

ajo
papas
cebolla
espaguetis
mantequilla

aceite
pimienta
sal
aguacate
azúcar

10-6 *Answers will vary.*

10-7
1. b
2. a
3. c
4. e
5. d

10-8
1. la botella de vino/botella de vino/la botella/botella/ el vino/vino
2. el vaso/vaso
3. la taza/taza
4. la cucharita/cucharita
5. la cuchara/cuchara
6. el cuchillo/cuchillo
7. el plato/plato
8. el tenedor/tenedor
9. la servilleta/servilleta
10. el mantel/mantel

10-9 *Answers will vary.*

10-10

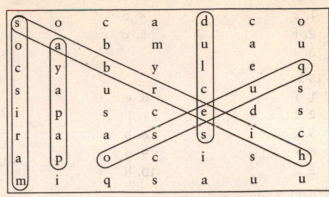

10-11 *Answers may vary. Possible answers:* maíz, cebolla, chile, ajo, aceite

10-12
1. c
2. a
3. b
4. b
5. b
6. c
7. c
8. b

10-13
1. Javier
2. Luciana
3. Daniel
4. Javier
5. Gabi
6. Luciana

10-14
1. se baten
2. se agrega
3. se pone
4. se fríen
5. Se sirven
6. se disfrutan

10-15 *Answers will vary.*

10-16
1. el mercado
2. la biblioteca
3. la cocina de un restaurante
4. la discoteca
5. la playa
6. el comedor de la casa

10-17
1. Se almuerza
2. Se prepara
3. Se sirve
4. Se añade
5. Se pone
6. Se lavan
7. Se beben
8. Se disfruta
9. Se come

10-18
1. Cierto
2. Falso
3. Falso
4. No dice
5. Cierto
6. Cierto

10-19 *Answers will vary.*

10-20

1. c
2. b
3. a
4. e
5. d

10-21

1. f
2. c
3. g
4. i
5. a
6. e
7. j
8. b
9. d
10. h

10-22 *Answers will vary.*

10-23 *Answers will vary.*

10-24 *Answers will vary.*

10-25

1. han participado
2. han tenido
3. ha hecho
4. ha sufrido
5. ha deseado
6. han sido

10-26

1. rotas
2. abiertas
3. desordenado
4. encendido

10-27

1. c
2. e
3. b
4. a
5. d

10-28

Selected items:

limpiar la cocina
ir al supermercado
poner la mesa
cocinar la comida caliente
hablar con tus invitados
divertirse

10-29 *Answers will vary.*

10-30

1. No comas
2. Controla
3. Haz
4. No salgas
5. No bebas
6. Duerme

10-31

1. Bebe
2. Come
3. comas
4. Haz
5. Evita
6. pongas
7. Ven
8. bebas

10-32 *Answers will vary.*

10-33

1. ¿Cuándo te graduarás?
2. ¿Qué harás después de graduarte?
3. ¿Vivirás en Ecuador?
4. ¿Qué tipo de trabajo harás?
5. ¿Te casarás?

10-34

1. todas (nosotras)
2. Lola
3. todas (nosotras)
4. tú
5. Mariana
6. Mariana
7. Lola

10-35

1. asistirá
2. prepararán
3. tendremos
4. haré
5. saldrá
6. iremos
7. descansaré

10-36 *Answers will vary.*

10-37

1. será
2. dependerá
3. estudiarás
4. empezarás
5. te casarás
6. tendrán
7. dará
8. ayudarás
9. harás

10-38 *Answers will vary.*

10-39 *Answers will vary.*

10-40

1. c
2. b
3. b
4. a
5. c
6. c

10-41 *Answers will vary.*

10-42 *Answers will vary.*

10-43

Answers may vary. Correct selected items:

tortillas
papas
arroz
tacos
mariscos

10-44

1. Cierto
2. No dice
3. Falso
4. Cierto
5. Cierto
6. Falso
7. Falso
8. No dice
9. Falso
10. Cierto

10-45

1. e
2. d
3. b
4. a
5. c

10-46 *Answers will vary.*

10-47 *Answers will vary.*

10-48 *Answers will vary.*

10-49

1. b
2. c
3. b
4. a
5. b
6. a
7. c
8. c
9. a

10-50 *Answers will vary.*

10-51

1. servilletas
2. plátano
3. legumbres
4. pavo
5. pastel
6. agua mineral

10-52 *Answers will vary.*

10-53

1. Falso
2. No dice
3. Falso
4. Cierto
5. Cierto
6. No dice
7. Cierto

10-54

1. b
2. b
3. c
4. b
5. b
6. c

CAPÍTULO 11

La salud es lo primero

11-1

1. los ojos
2. la boca
3. las manos
4. el cerebro
5. las piernas

11-2

1. la sangre
2. el estómago
3. las orejas/los oídos
4. los pulmones
5. el cuello
6. la muñeca
7. la rodilla/el tobillo
8. los ojos

11-3

1. la garganta
2. el estómago
3. la nariz
4. la cabeza
5. las piernas/los pies

11-4

1. el tobillo
2. el brazo
3. catarro
4. fiebre
5. el oído

11-5

1. e
2. b
3. a
4. d
5. c

11-6

1. b
2. a
3. c
4. a

11-7

1. Llamo al centro de salud para hacer una cita.
2. Manejo el carro al centro de salud.
3. Entro al centro de salud y le digo mi nombre a la recepcionista.
4. La enfermera me llama.
5. La enfermera me toma la temperatura y la tension arterial.
6. Saludo al médico.
7. Le explico al médico cuáles son mis síntomas.
8. El médico me examina y me receta una medicina.
9. Voy a la farmacia y compro la medicina.
10. Vuelvo a casa, tomo la medicina y me acuesto.

11-8

1. el consultorio médico
2. el hospital
3. la farmacia
4. el hospital
5. el hospital
6. el consultorio médico
7. la farmacia

11-9 *Answers will vary.*

11-10

1. cerebro
2. recetas
3. pulmones
4. fiebre
5. hospital
6. enferma
7. cara

11-11

1. la gripe/gripe
2. el tobillo torcido

11-12

1. Cierto
2. Cierto
3. No dice
4. Falso
5. Cierto
6. Falso
7. No dice

11-13 *Answers will vary.*

11-14

1. a
2. b
3. c
4. a
5. a

11-15

1. c
2. a
3. d
4. b
5. d

11-16

1. c
2. b
3. a
4. a
5. a
6. b
7. c
8. b

11-17

1. coma
2. hagas
3. tomen
4. fume
5. eviten
6. veas
7. sigan

11-18 *Answers will vary.*

11-19

1. Quiero que mi hermana viaje a Europa con sus amigas.
2. Deseo que mi prima consiga una beca para estudiar en México.
3. Quiero que mi madre tenga buena salud.
4. Deseo que mi mejor amiga se gradue con honores.
5. Espero que mi papá pueda jubilarse este año.

11-20 *Answers will vary.*

11-21

1. b
2. c
3. a
4. c
5. b
6. b

11-22

1. nos divertamos
2. gastemos
3. comamos
4. hagamos
5. vaya
6. limpiemos

11-23 *Answers will vary.*

11-24

1. c
2. e
3. f
4. b
5. g
6. a
7. d

11-25 *Answers will vary.*

11-26 *Answers will vary.*

11-27

1. b   2. a   3. b   4. a   5. a

11-28

1. El cinturón es para Irma./Es para Irma.
2. Las pulseras son para Josefina./Son para Josefina.
3. La cartera es para ti./Es para ti.
4. El disco compacto es para Pablito./El disco es para Pablito./Es para Pablito.
5. El reloj es para Ramiro./Es para Ramiro.
6. El suéter es para mí./Es para mí.

11-29

1. por
2. para
3. por
4. por
5. para
6. para

11-30

1. para
2. por
3. por
4. para
5. por
6. para
7. por
8. para
9. por
10. para
11. por
12. para

11-31

1. a
2. d
3. b/f
4. b/f
5. e
6. c

11-32 *Answers will vary.*

11-33

1. que
2. quien
3. quienes
4. que
5. que

11-34

1. b
2. e
3. f
4. a
5. d
6. c

11-35

1. El enfermero que trabaja en este piso es muy competente./El enfermero que trabaja en este piso es un enfermero muy competente.
2. El doctor que visita por las tardes es un doctor excelente./El doctor que visita por las tardes es excelente.
3. El psiquiatra que ayuda a los niños es muy famoso./El psiquiatra que ayuda a los niños es un psiquiatra muy famoso.
4. La recepcionista que trabaja por la mañana es de Cuba.
5. La enfermera que viene por la noche es muy seria./La enfermera que viene por la noche es una enfermera muy seria.

11-36 *Answers will vary.*

11-37 *Answers will vary.*

11-38 *Answers will vary.*

11-39

1. d
2. c
3. f
4. b
5. e
6. a

11-40

1. no caminar o correr
2. tomar aspirina
3. tomar antibióticos
4. tomar té con limón

11-41 *Answers will vary.*

11-42 *Selected items:* pescado, vitaminas, deportes, frutas

11-43

1. Cierto	5. No dice
2. No dice	6. Falso
3. Cierto	7. Cierto
4. Cierto	8. Falso

11-44 *Answers will vary.*

11-45 *Answers will vary.*

11-46 *Answers will vary.*

11-47 *Answers will vary.*

11-48

1. c	4. a
2. b	5. b
3. c	6. c

11-49 *Answers may vary. Possible answers*: fiebre, suero, radiografía, corazón, rayos equis, cirugía, catéter, vitamina, bilirrubina, aspirina, penicilina, rostro

11-50

1. pulmones	5. cara
2. cerebro	6. gripe
3. sangre	7. aspirina
4. brazo	8. té

11-51 *Answers will vary.*

11-52

1. Falso	5. No dice
2. No dice	6. Falso
3. Cierto	7. Falso
4. Cierto	

11-53

1. P	4. S
2. S	5. P
3. S	

CAPÍTULO 12

¡Buen viaje!

12-1

1. e	4. b
2. c	5. d
3. a	

12-2

1. el tren	4. el coche
2. la bicicleta	5. el barco
3. el avión	6. el autobús

12-3

1. el pasaporte	4. la maleta
2. la tarjeta de embarque	5. el boleto/el pasaje
3. reservar	6. facturar

12-4

1. d	5. g
2. h	6. a
3. f	7. b
4. c	8. e

12-5

1. Falso	4. Cierto
2. Falso	5. Falso
3. Cierto	

12-6

1. la habitación sencilla	4. la caja fuerte
2. la recepción	5. reservar
3. la llave	

12-7

1. e	5. f
2. d	6. a
3. b	7. c
4. g	

12-8

1. Falso	5. No dice
2. No dice	6. Cierto
3. Falso	7. Falso
4. Cierto	8. Cierto

12-9 *Answers will vary.*

12-10

1. v, o, a	4. a, a
2. m, a, o	5. a, p, a, d, u, c, o, c, h
3. p, a, c, a	

12-11

1. elegir el destino
2. reservar el hotel
3. comprar el boleto de avión
4. hacer las maletas

12-12

1. b
2. c
3. b
4. c
5. c
6. a
7. b

12-13 *Answers will vary.*

12-14

1. tenga
2. esté
3. haya
4. ofrezca
5. sirva
6. sea

12-15

1. a
2. b
3. b
4. a
5. b
6. b

12-16

1. b
2. a
3. a
4. b
5. a
6. b

12-17

1. Busca un carro que tenga dos puertas.
2. Busca un carro que gaste poca gasolina.
3. Busca un carro que tenga aire acondicionado.
4. Busca un carro que no sea muy caro.
5. Busca un carro que vaya rápido.

12-18

1. tienen
2. publican
3. tenga
4. dé
5. van

12-19 *Answers will vary.*

12-20 *Answers will vary.*

12-21

1. tuyas
2. nuestras
3. Suyas
4. nuestros
5. suyas/tuyas

12-22 *Answers will vary.*

12-23

1. la mía
2. los tuyos
3. la suya
4. la tuya
5. los suyos

12-24 *Answers will vary, but should include the following:*

1. ¡El mío también!
2. ¡La mía también!
3. ¡Los míos también!
4. ¡Las mías también!
5. ¡La mía también!

12-25

1. a
2. b
3. c
4. a

12-26

1. suyas
2. suyos
3. suyo
4. mías/tuyas
5. mío/tuyo

12-27

1. El cuarto nuestro./El cuarto suyo.
2. El pasaporte mío.
3. Los pantalones míos.
4. La llave tuya.
5. Las llaves nuestras./ Las llaves suyas.

12-28

1. mía
2. suyo
3. tuyo
4. tuyas
5. suyas
6. nuestros

12-29 *Answers will vary.*

12-30 *Answers will vary.*

12-31

1. E
2. E
3. D
4. E
5. D
6. E
7. D

12-32

1. regresé
2. Viajé
3. estaba
4. llegamos
5. tenía
6. salí
7. sentía
8. volví
9. nos alojamos
10. pasamos
11. Fue

12-33 *Answers will vary.*

12-34

1. era
2. viajaba
3. íbamos
4. había
5. visité
6. era
7. visitaba
8. pasé
9. gustaba
10. fue

12-35 *Answers will vary.*

12-36 *Answers will vary.*

12-37

1. Falso
2. Cierto
3. Falso
4. No dice
5. Falso
6. Cierto
7. No dice

12-38 *Answers may vary. Possible answers:*

El inspector de aduana quiere el pasaporte y la declaración de compras.

El pasajero no trae ninguna botella de vino.

El pasajero declaró sus compras en la lista.

12-39 *Answers will vary.*

12-40

1. e
2. c
3. d
4. b
5. g
6. a
7. f

12-41

1. Cierto
2. Cierto
3. Falso
4. Falso
5. Cierto
6. Cierto
7. No dice
8. No dice

12-42

1. San José
2. Sarchí
3. Irazú
4. Puntarenas

12-43 *Answers will vary.*

12-44 *Answers will vary.*

12-45 *Answers will vary.*

12-46

1. c
2. a
3. b
4. c
5. a
6. c
7. b

12-47 *Answers will vary.*

12-48

1. volante
2. maletero
3. capó
4. motor
5. radiador
6. llanta
7. guantera

12-49 *Answers will vary.*

12-50

1. San José
2. $550
3. 27
4. caro
5. sus amigos

12-51

1. Cierto
2. Falso
3. No dice
4. No dice
5. Falso
6. Falso

CAPÍTULO 13

Las artes y las letras

13-1

1. Cierto
2. Falso
3. Cierto
4. Falso
5. Cierto

13-2

1. b
2. c
3. f
4. a
5. d
6. e

13-3

1. f
2. b
3. d
4. e
5. a
6. c

13-4

1. d
2. e
3. b
4. a
5. c

13-5

1. obra
2. símbolos
3. cuento
4. murales
5. voz
6. novela

13-6

1. Cierto
2. Falso
3. No dice
4. Cierto
5. Cierto
6. No dice
7. Cierto

13-7

1. Orozco
2. Orozco
3. Siquieros
4. Siqueiros
5. Rivera

13-8 *Selected words:* bailarina, escultora, muralista, novelista, pintor, poeta

13-9 *Answers will vary.*

13-10

1. cuento
2. poema
3. melodía
4. paisaje
5. mural

13-11

1. Luciana
2. Daniel
3. Gabi
4. Javier

13-12

1. b
2. a
3. c
4. b
5. c
6. c
7. b

13-13

1. no tiene talento
2. alcornoque
3. no tiene mucha gracia

13-14 *Answers will vary.*

13-15

1. d
2. c
3. b
4. a
5. c

13-16

1. nunca
2. siempre
3. Todos
4. nada
5. algo

13-17

1. nunca
2. ninguna
3. ninguno
4. nada
5. nadie

13-18

1. b
2. e
3. a
4. d
5. c

13-19 *Answers will vary. Possible answers:*

1. No, no voy a estudiar nada.
2. No, no voy a ver ninguna película.
3. No, no voy a mirar nada en Internet.
4. No, no voy a visitar a nadie.
5. No, no voy a leer ninguna novela.
6. No, no voy a hacer nada.

13-20

1. hables
2. estés
3. vivas
4. seas
5. tengas
6. estudies

13-21

1. verdad
2. posible
3. verdad
4. improbable
5. posible
6. verdad
7. posible
8. improbable

13-22

1. Cierto
2. No dice
3. Cierto
4. Cierto
5. Falso
6. Falso
7. No dice

13-23

1. es
2. haya
3. puedan
4. tengan
5. llevan
6. exista
7. vengan
8. puedan

13-24

1. esté
2. hable
3. pruebe
4. visite
5. encuentre

13-25

1. vayan
2. sean
3. usen
4. haya
5. anden
6. desaparezcan

13-26 *Answers will vary.*

13-27

1. d
2. c
3. a
4. b
5. e

13-28

1. Carlos
2. Cecilia
3. Carlos
4. Cecilia
5. Carlos
6. Carlos
7. Cecilia

13-29 *Answers will vary.*

13-30 *Answers may vary. Possible answers:*

1. Le devolvería el dinero a la chica.
2. Llamaría a mi novio y hablaría con él por teléfono.
3. Hablaría con el profesor sobre la nota.
4. Llamaría a los bomberos y saldría rápido de la casa.
5. Usaría mi teléfono móvil y llamaría a la policía.

13-31 *Answers will vary.*

13-32

1. a
2. b
3. c
4. a
5. a

13-33

1. se conocieron
2. se veían
3. se escribían, se llamaban
4. se querían
5. se abrazaron/se besaron, se besaron/se abrazaron

13-34 *Answers will vary.*

13-35 *Answers may vary. Possible answers:*

1. Cecilia y Federico se odian.
2. Mi hermano y yo nos admiramos.
3. Las mamás y la profesora se saludan.
4. Carlos y Antonio se pelean.
5. Mi jefe y yo nos respetamos.

13-36 *Selected words:* cuento, novela, ensayo, poema

13-37

1. Cierto
2. Falso
3. Cierto
4. No dice
5. Falso
6. Cierto
7. No dice

13-38 *Answers will vary.*

13-39 *Answers will vary.*

13-40

1. b

13-41 *Answers will vary.*

13-42

1. 1955
2. 1972
3. 1974

13-43 *Answers will vary.*

13-44 *Answers will vary.*

13-45 *Answers will vary.*

13-46

1. c
2. a
3. b
4. a
5. b
6. c

13-47 *Answers will vary.*

13-48

1. b
2. b
3. b
4. c
5. d

13-49

1. Se quieren.
2. Se llevan muy mal.
3. Se pelean.

13-50 *Answers will vary.*

13-51

1. Cierto
2. Cierto
3. No dice
4. Falso
5. Cierto
6. Cierto
7. Falso

13-52

1. c
2. b
3. b
4. a
5. c
6. c

CAPÍTULO 14

Los cambios sociales

14-1

1. b
2. e
3. d
4. a
5. c

14-2

1. d
2. c
3. a
4. b
5. b
6. c

14-3

1. Falso
2. Cierto
3. Falso
4. No dice
5. Falso
6. Falso
7. Cierto
8. No dice

14-4

1. a
2. c
3. b
4. a
5. b

14-5

1. Cierto
2. Cierto
3. No dice
4. Cierto
5. Falso
6. Cierto
7. No dice

14-6

1. b
2. c
3. d
4. e
5. a
6. f

14-7

1. confianza
2. derechos
3. adaptación
4. igualdad
5. mortalidad
6. drogas

14-8 *Answers will vary.*

14-9 *Answers will vary.*

```
f f e f i l a f l m l e l a u h m d s e
h n f p e a o a o o r u f e b g a l a a
o d i n c c f g o s a e f s a l e f d n
n t c s d p e p n o u e a u p e f e i o
e e i a n o i e r c o e a g h c e a a h
s a e a b z s d d i z i i f z s h i c
t e n a c r b o a s p h d c h o e d n
i e c i m e e i i c d d l b a t f h z f
d l i l e z l a d z e e o e h a o d s z
a n a l f a b e t i s m o m f e a l a s
d e r e c h o e d l e z e n e m a h l i
a b e n g b e b h l m a l e l i e e f s
o i a d z n o p l a p f n c a a e d i b
h r e e e e i g u a l d a d l c d i t i
d u h p u n n o c h e o a e b a e u o z
h l i d e h d e h m o e h u n a e a c i
u c h c a h l s a e z b t t i e d a h b
o g e o o s h o e t u e r m d o l h i a
a d c r e i i e h t d g i s p e a c e t
d e e e n s p l t n t h i c t a i c z t
```

14-11 *Selected words*: elección, presidente, honestidad, igualdad

14-12

1. Cierto
2. Cierto
3. Falso
4. Cierto
5. No dice
6. Falso
7. No dice
8. Cierto

14-13 *Answers will vary.*

14-14

1. c
2. e
3. b
4. a
5. d

14-15

1. a
2. c
3. b
4. a
5. b

14-16

1. tenga
2. podamos
3. vendas
4. estudien
5. encontremos

14-17

1. nos casemos
2. hagas
3. laves
4. trabajes
5. saques

14-18 *Answers will vary.*

14-19

1. conozca
2. encuentre
3. ganemos
4. me gradúe
5. quiera
6. me establezca

14-20

1. a
2. a
3. b
4. b
5. a

14-21

1. prefiero
2. me levanto
3. desayuno
4. llego
5. diga
6. cierra
7. llego
8. haya
9. terminan
10. hablamos

14-22

1. termine
2. pueda
3. reciba
4. llegue
5. existe

14-23

1. b
2. b
3. a
4. a

14-24

1. antes de la universidad
2. antes de la universidad
3. en la universidad
4. en la universidad
5. antes de la universidad

14-25 *Answers will vary.*

14-26

1. había buscado
2. había leído
3. había entrevistado
4. había consultado
5. había encontrado

14-27

1. había viajado
2. había participado
3. había manejado
4. había recibido
5. había hecho

14-28 *Answers will vary.*

14-29 *Answers may vary. Possible answers:*

1. sin tener buena salud
2. después de dormir
3. para dormir
4. para tener buena salud
5. antes de comer
6. sin dormir

14-30 *Answers will vary.*

14-31 *Answers will vary.*

14-32

1. No fumar
2. No nadar
3. No estacionar
4. No hablar
5. No tocar

14-33 *Answers will vary.*

14-34 *Selected words:* emigración, migración, mortalidad, esperanza de vida, tasa, población

14-35

1. Cierto
2. Falso
3. No dice
4. Cierto
5. Cierto
6. No dice
7. Falso

14-36 *Answers will vary.*

14-37 *Answers will vary.*

14-38 *Answers will vary.*

14-39

1. Falso
2. No dice
3. Cierto
4. No dice
5. Cierto
6. Cierto
7. Cierto
8. Falso

14-40

1. b   2. c   3. c

14-41 *Answers will vary.*

14-42 *Answers will vary.*

14-43 *Answers will vary.*

14-44

1. c   3. a   5. a   7. b
2. c   4. a   6. c   8. c

14-45

1. b
2. c
3. e
4. a
5. d

14-46

1. habitantes
2. población
3. tasas
4. emigración
5. elecciones
6. dictatoriales
7. pobreza
8. analfabetismo

14-47

1. trate
2. salen
3. tengan
4. sean
5. reciban

14-48

1. a   2. b   3. a   4. c

14-49 *Answers may vary. Possible answers:*

1. El poder de la nación pasó a Salvador Allende.
2. Salvador Allende fue un político socialista y tío de la escritora Isabel Allende.
3. La dictadura de Pinochet duró diecisiete años.
4. Hoy en día, la constitución garantiza los derechos humanos a los chilenos y el país intenta volver a sus raíces democráticas.

CAPÍTULO 15

Hacia el futuro

15-1 *Selected words:* acceso, biblioteca virtual, buscador, enlace, mensaje

15-2

1. d
2. b
3. f
4. c
5. e
6. a

15-3

1. acceso
2. intercambio
3. mensaje
4. enlace
5. adjunto
6. diseminación
7. videojuegos

15-4

1. b
2. c
3. c
4. d
5. a

15-5 *Selected words:*

la capa de ozono
la inundación
el bosque tropical
la deforestación
la extinción

15-6

1. c
2. e
3. d
4. b
5. f
6. a

15-7

1. No dice
2. Falso
3. Cierto
4. Cierto
5. No dice
6. Cierto

15-8 *Answers may vary. Possible answers:*

problemas:
deforestación
calentamiento global
acceso a y diseminación de información

soluciones:
robots y clonación
energía solar
intercambiar ideas

15-9 *Answers will vary.*

15-11 *Answers will vary.*

15-12

1. Javier
2. Daniel
3. Luciana
4. Gabi
5. Daniel
6. Javier
7. Gabi
8. Luciana
9. Javier
10. Gabi

15-13 *Answers will vary.*

15-14

1. comiera
2. hiciera
3. jugara
4. viera
5. visitara
6. fuera

15-15

1. es
2. tiene
3. tengan
4. haya
5. tengan

15-16

1. sentara
2. cambiara
3. fuera
4. pasara
5. visitara
6. pagara
7. cancelara

15-17

1. quisiera
2. conociera
3. visitaran
4. perdiera
5. fueran
6. se perdieran
7. comieran
8. fuera

15-18

1. hiciera
2. conociera
3. tuviera
4. escuchara
5. me divirtiera

15-19

1. estudiáramos
2. fuera
3. ganara, viniera
4. saliera
5. vinieras

15-20

1. Habla como si fuera inteligente./Habla como si fuera muy inteligente.
2. Habla como si entendiera nuestros problemas.
3. Habla como si conociera a nuestro presidente./ Habla como si conociera al presidente.
4. Habla como si quisiera ser nuestro amigo./Habla como si fuera nuestro amigo./Habla como si quisiera ser amigo nuestro./Habla como si fuera amigo nuestro.

15-21

1. se acabarán
2. hablaré
3. trabajamos
4. haces
5. contribuiré
6. se resolverán

15-22

1. c   2. e   3. a   4. d   5. b

15-23

1. aceptaré
2. estaría
3. tendría
4. usaré
5. conseguiré
6. me quedaría

15-24

1. b   2. a   3. b   4. a   5. c

15-25 *Answers will vary.*

15-26 *Answers will vary.*

15-27 *Answers will vary.*

15-28

1. Ayer tuvimos mala suerte...
2. Primero, se nos perdieron las llaves, pero no nos dimos cuenta hasta el momento de salir de casa.
3. Luego, quisimos entrar en la casa de nuevo, pero se nos cerró la puerta.
4. Al fin, un amigo nos llevó en su auto, y al llegar a la clase de español, se nos cayeron los libros.

15-29

1. a propósito
2. por accidente
3. a propósito
4. por accidente

15-30

1. a Manuel
2. a ti
3. a Vanessa y Manuel
4. a Vanessa
5. a Vanessa y a ti
6. a Vanessa

15-31

1. se le cayó
2. se le olvidaron
3. se le perdió
4. Se le acabó
5. se le quedó

15-32

1. Y a mí se me cayó el papel./Y se me cayó el papel a mí./A mí se me cayó el papel./Se me cayó el papel a mí.
2. Y a mí se me rompió la calculadora./Y se me rompió la calculadora a mí./A mí se me rompió la calculadora./Se me rompió la calculadora a mí.
3. Y a mí se me perdieron los cuadernos./Y se me perdieron los cuadernos a mí./A mí se me perdieron los cuadernos./Se me perdieron los cuadernos a mí.
4. Y a mí se me descompuso la grabadora./Y se me descompuso la computadora a mí./A mí se me descompuso la computadora./Se me descompuso la computadora a mí.
5. Y a mí se me olvidaron las tareas./Y se me olvidaron las tareas a mí./A mí se me olvidaron las tareas./Se me olvidaron las tareas a mí.

15-33 *Answers will vary.*

15-34 *Answers will vary.*

15-35

1. Falso
2. No dice
3. Cierto
4. Cierto
5. Cierto
6. Falso

15-36

1. b
2. c
3. d
4. a

15-37 *Answers will vary.*

15-38 *Answers will vary.*

15-39

1. Falso
2. Cierto
3. No dice
4. Cierto
5. Falso
6. Falso
7. Cierto

15-40 *Answers will vary.*

15-41 *Answers will vary.*

15-42 *Answers will vary.*

15-43 *Answers will vary.*

15-44

1. b
2. c
3. a
4. c
5. b
6. b

15-45

1. vertederos/composta/reciclaje
2. composta/vertederos/reciclaje
3. reciclaje/vertederos/composta
4. flores/bosques/hábitats
5. bosques/flores/hábitats
6. hábitats/flores/bosques
7. playas/combustibles/plaguicidas
8. combustibles/playas/plaguicidas
9. plaguicidas/combustibles/playas

15-46

1. cápsula
2. robot
3. riel
4. biblioteca virtual

15-47 *Answers will vary.*

15-48

1. librería
2. correo electrónico
3. celular/teléfono/
   teléfono celular
4. comunicarse
5. cámara

15-49

1. Falso
2. Cierto
3. Cierto
4. No dice
5. Falso
6. No dice
7. Cierto

APPENDIX

Stress and written accents in Spanish

Práctica

Activity 1 (Capítulo 1)

1. también
2. fácil
3. difícil
4. economía
5. ciencias políticas
6. antropología

Activity 2 (Capítulo 1)

1. Dónde
2. televisión
3. Qué
4. librería
5. Dónde
6. Dónde
7. está
8. María
9. qué

Activity 3 (Capítulo 2)

1. é
2. é
3. é
4. á
5. é
6. á

Activity 4 (Capítulo 2)

1. perfección
2. pasión
3. electrónico
4. jóvenes
5. información

Activity 5 (Capítulo 3)

1. cion
2. mu
3. nion
4. li
5. mon
6. sand
7. rio
8. is

Activity 6 (Capítulo 3)

1. rápida
2. hamburgueserías
3. países
4. típicas
5. país

Activity 7 (Capítulo 4)

1. tío
2. tía
3. fotografía
4. papá
5. mamá

Activity 8 (Capítulo 4)

1. mamá
2. tío
3. tía
4. también
5. Bogotá
6. Rafael
7. primas
8. simpatiquísimos
9. tiempo
10. tíos
11. sobrinos
12. Bogotá
13. Inés
14. sobrina
15. tía
16. país

Activity 9 (Capítulo 5)

1. árbol
2. jardín
3. jabón
4. sábana
5. cómoda
6. lavandería
7. calefacción

Activity 10 (Capítulo 5)

1. a, a, i, á, i, e, í
2. o, á, a/o, ó
3. ó, ó, e, a, á

Activity 11 (Capítulo 6)

1. Me gustaría
2. artesanía
3. suéter
4. sostén
5. camisón
6. poliéster
7. algodón
8. almacén

Activity 12 (Capítulo 6)

1. compré
2. compró
3. empezó
4. terminó

Activity 13 (Capítulo 7)

1. ó
2. á
3. ú
4. í
5. é

Activity 14 (Capítulo 7)

1. pasiones
2. está
3. fútbol
4. infancia
5. equipos
6. selección
7. ganó
8. títulos
9. uruguayos
10. versátil
11. interés
12. básquetbol
13. pelota

Activity 15 (Capítulo 8)

1. último
2. hoy en día
3. melodía
4. tradición
5. procesión
6. invitación
7. alegría

Activity 16 (Capítulo 8)

1. amiga
2. Martínez
3. tenía
4. era
5. Estudiaba
6. también
7. hermanos
8. admirábamos
9. alegría
10. soñábamos

Activity 17 (Capítulo 9)

1. currículum
2. peluquería
3. compañía
4. policía
5. médico
6. intérprete
7. científico

Activity 18 (Capítulo 9)

1. días
2. Roldán
3. Díaz
4. Podría
5. sí
6. Roldán
7. mándenosla
8. mandársela
9. electrónico
10. Sí
11. envíela
12. también

Activity 19 (Capítulo 10)

1. todavía
2. lácteo
3. freír
4. melón
5. limón
6. azúcar

Activity 20 (Capítulo 10)

1. países
2. variada
3. Perú
4. ceviche
5. camarón
6. más
7. plátano
8. maíz
9. además
10. pastelería
11. dulce

Activity 21 (Capítulo 11)

1. inyección
2. antibiótico
3. farmacéutico
4. clínica
5. tensión
6. síntoma
7. infección
8. cáncer
9. pulmón
10. oído
11. músculo
12. estómago
13. corazón

Activity 22 (Capítulo 11)

1. i, i, í, i
2. a, e, ó
3. á, a, é
4. é, í, a, í

Activity 23 (Capítulo 12)

1. á
2. ó
3. ó
4. é
5. ó
6. ú

Activity 24 (Capítulo 12)

1. José
2. Luis
3. está
4. mía
5. Después
6. mamá
7. míos
8. están
9. mi
10. maletín
11. zapatos
12. suyos
13. están

Activity 25 (Capítulo 13)

1. bailarín
2. política
3. población
4. a través de
5. área
6. éxito
7. según

Activity 26 (Capítulo 13)

1. Qué
2. haría
3. usted
4. Compraría
5. rápidamente
6. oportunidad
7. Visitaría
8. están
9. Velázquez
10. Compraría
11. novela
12. Gabriel
13. García
14. Márquez

Activity 27 (Capítulo 14)

1. enérgico
2. mayoría
3. estadística
4. separación

Activity 28 (Capítulo 14)

1. tenía
2. había
3. discusiones
4. políticas
5. tenía
6. dieciséis
7. habíamos
8. inscrito
9. político
10. pasó
11. semestre
12. había
13. tenía

Activity 29 (Capítulo 15)

1. paracaídas
2. preservación
3. deforestación
4. pérdida
5. ratón
6. cartón
7. portátil

Activity 30 (Capítulo 15)

1. tuviéramos
2. compraríamos
3. estudiaría
4. fuéramos
5. subiría
6. atmósfera
7. sufrirá
8. hará
9. Habrá
10. ocuparán